AF403236

X

X

LIBRAIRIE DE L'ENFANCE.

PRÉLIMINAIRES

DE LECTURE.

Paris. — Imp. Walder, rue Bonaparte, 44.

PRÉLIMINAIRES

DE

LECTURE.

PAR H. ATXEM.

4me ÉDITION

PARIS.

CONTE-ATXEM, ÉDITEUR DES OEUVRES DE M. ATXEM,
RUE GIT-LE-COEUR, 4.

1863

AUX CHEFS D'INSTITUTION

ET

AUX MÈRES DE FAMILLE

————◆—◆◆◆—◆————

Suivant les errements de la routine, l'on en est encore dans les Institutions primaires à enseigner l'Alphabet, du moins à très-peu d'exceptions près, par les mêmes procédés employés depuis dix siècles.

On met à la fois, sous les yeux de l'enfant, dont la mémoire est loin d'être formée, les 25 lettres, sans calculer qu'on crée une double élaboration, celles de retenir à la fois le nom de chaque lettre et sa configuration; de là, confusion dans la tête de l'élève à tel point que trois mois sont insuffisants, chez la plupart, pour apprendre leurs noms autrement que par cœur. En effet, en est-il un seul qui ne soit dans ce cas? en est-il un seul, lorsqu'il récitera les vingt lettres comme un perroquet qui puisse les nommer toutes si on les lui présente dans un rang tronqué?

A cet inconvénient, joignez le dégoût que donne à l'élève, la monotonie de sons détachés frappant son oreille, sans corrélation aucune, sans que la moindre signification vienne faire appel à son petit entendement. N'est-ce pas créer à l'enfance, à cet âge si tendre où rien de sérieux n'a prise sur son esprit, n'est-ce pas créer un labeur au-dessus de sa portée, une élaboration par trop disproportionnée avec ses facultés présentes ?

Les lettres sont formées de lignes, soit droite, telle que l ; ou courbe, telle que le c ; ou de lignes complexes telle que le b ; quelques-unes seulement échappent à cette règle, telles que l'a et le g.

Les classant dans leur configuration, nous les prenons selon leur dégré de simplicité physiologique, ce qui les rend plus faciles à être apprises, sans tenir compte du rang qu'elles occupent dans l'alphabet actuel.

Néanmoins, comme il est indispensable de les savoir dans le rang usité, nous reproduisons plusieurs fois l'alphabet ordinaire, afin que l'enfant puisse le classer dans sa mémoire ; ce qu'il fera sans travail ni dégoût, ne le lui mettant ainsi sous les yeux que lorsqu'il commence à lire.

Loin d'attendre qu'il connaisse les lettres pour former des mots, nous les lui fesons former dès la première leçon, seul moyen de le soustraire à une monotonie qui l'accable, le dégoûte, et de lui procurer une distraction à la place d'un labeur.

A plusieurs reprises déjà, l'expérience nous a prouvé que nous sommes dans le vrai. En effet, différends essais nous ont réussi et pas un des enfants que nous avons entrepris n'a resté plus d'un mois, et plusieurs moins de vingt-cinq jours, pour connaître, non-seulement les lettres, mais pour les assembler et lire assez couramment ; et qu'on ne pense pas que nous ayons choisi des enfants intelligents où d'un âge avancé ; nous avons pris ceux que nous avions sous la main, dont pas un seulement n'avait atteint sa septième année.

Il est indispensable, par exemple, que le maître donne aux consonnes leur son muet : me, be, fe, et non emme, bé, effe ; afin que l'élision moins difficile de la consonne avec la voyelle, permette à l'élève d'en saisir plus promptement le mécanisme.

Nous nous bornons à ces explications que nous croyons indispensables, laissant à la sagacité des personnes chargées de l'instruction à suppléer à tout ce que nous ne leur disons pas relativement au motif qui nous a guidé dans chacun de nos exercices ; d'autant plus que le développement de ces exercices, leur servira de guide.

Un mot encore : Messieurs les instituteurs remarqueront, comme nous, qu'une fois les premiers exercices passés, dans une seule séance, l'enfant va jusqu'à apprendre deux et quelquefois même trois exercices

Premier exercice.

l l l i i i l i l i li li li li
lili l i li lili lili.

Deuxième exercice.

l i li lili lili l i li
lili. n n n n i ni n i
ni nini n i ni nini
nini lili nini lili nini.

Troisième exercice.

n i ni nini lili nini.
m m m m i mi m i mi
mimi mi mimi lili
mimi lili mimi nini
mimi nini lili mimi.

Quatrième exercice.

mi imi mimi nini
lili mimi nini mimi

t t t t i ti t i ti titi
ti titi titi mimi nini
titi mimi lili titi titi
nini lili titi mimi titi
lili.

Cinquième exercice.

t i ti titi mimi titi
nini titi mimi titi
nini titi. h h h h i hi
hi titi nini mimi hi
hi titi hi nini hi
mimi hi hi mimi hi
hi nini.

Sixième exercice.

h i hi hi titi mimi hi
mimi hi titi hi titi hi.
j j j j i ji hi ji mimi
ji titi ji hi ji mimi ji
ji hi titi hi mimi

Septième exercice.

ji ji ji ji hi ji titi hi
ji ji titi ji hi titi

r r r i ri ri ji ri hi
ri titi ri ji ri ri titi
hi ji ri ji ri hi ri titi
ri hi ri ri titi.

Huitième exercice.

r i ri ri hi ji ri hi ri
ji ri ri hi. v v v v i
vi vi ri viri viri ji
viri hi viri ji viri viri
hi ji viri viri hi viri
ji viri hi

Neuvième exercice.

v i vi viri ji ri vi ri
ji viri ji ri viri vi. x
x x x i xi xi ji xi xi
viri xi ji xi ji xi ri
viri ji.

***

Dixième exercice.

x i xi xi viri xi xi xi
ri xi viri. z z z z i zi
zi zizi zizi xi zizi xi
zizi xi zizi viri zizi ri.

Onzième exercice.

Onzième exercice.

z i zi zizi lili mimi
titi hi ji ri vi viri xi
zizi xi zizi. c c c ci
ci ci xi ci zizi ci xi
ci zizi ci xi ci zizi xi
ci xi.

Douzième exercice.

c i ci ci xi zizi ci xi
ci zizi. s s s s i si si

ci si xi zizi si ci si
ci xi zizi si xi si ci
xi.

* * *

Treisième exercice.

s i si si ci zizi si ci
si zizi ci si. f f f f i
fi fifi si fifi zizi fifi si
ci fifi zizi ci si fifi si
zizi.

Quatorzième exercice.

f i fi fifi si ci fifi si

ci. g g g g i gi gi
fifi gi si gi ci gi fifi
gi si fifi gi ci gi ci.

~~~~~~~~

Quinzième exercice.

—

g i gi fifi gi si gi si
gi ji gi ji. b b b b i
bi bibi gi ji fifi bibi
gi si bibi si gi ji bibi
ji gi si gi bibi si.

~~~~~~~~

Seizième exercice.

---

b i bi bibi fifi gi ji
bibi gi bibi. d d d d
i di didi bibi gi ji
didi bibi fifi gi didi gi
ji bibi didi fifi.

Dix-septième exercice.

---

d i di didi gi ji didi
bibi didi. k k k k i
ki ki didi ki gi ji bibi

ki didi ki ji gi ki bibi
ki ji gi.

Dix-huitième exercice.

k i ki ki didi ki ki
bibi ki didi. p p p p
i pi pi ki didi pi bibi
pi ki ki pi didi ki pi
bibi.

Dix-neuvième exercice.

p i pi pi ki pi didi

pi ki didi ki pi. q q
q q u u u u u q u qu
qu qu pi ki qu didi
pi qu ki qu pi qu ki
qu didi.

Vingtième exercice.

q u qu qu qu i qui
qui ki pi qui ki qui.
y y y qui pi y ki y
qui y y pi y qui y pi
y qui y ki.

Vingt-unième exercice.

y y qui pi qui qui pi
lili nini mimi titi hi ji
ri vi viri xi zizi ci si
fifi gi bibi didi pi ki
qui y. e e e e qui e
y e pi e qui e pi.

Vingt-deuxième exercice.

e e e qui y qui e qui
e y e e a a a a a e a

y e a qui a y e a

qui y a e y a a e e

qui y a e qui.

Vingt-troisième exercice.

a e a e y a e a e y.

o o o o a e o y a o

u u u u y o a u u o

a o y u o a u e o y

u o u.

Vingt-quatrième exercice.

—

l y ly lyly lili n y ny
nyny nini m y my
mymy mimi t y ty
tyty titi h y hy hi j
y jy ji r y ry ri v y
vy vi x y xy xi z y
zy zyzy zizi c y cy ci
s y sy si f y fy fyfy
fifi g y gy gi b y by
byby bibi d y dy
dydy didi p y py pi

k y ky ki qu y quy
qui. a e i o u y.

Vingt-cinquième exercice.

—

l e le lile n e ne nine
m e me mime t e te
tite h e he j e je g e
ge r e re rire v e ve
vive x e xe z e ze
zize c e ce ceci s e
se f e fe b e be d e
de p e pe pipe k e

ke que. à à ù ù á ù
é é è è ê ê. è ê é.

Vingt-sixième exercice.

é è ê à à e l a la
lila n a na nina m a
ma mame t a ta tâte
j a ja java r a ra rare
v a va vaque x a xa
z a za ziza s a sa
sale f a fa fade h a
ha hâle b a ba baba
d a da dada p a pa

papa k a ka g a ga
gage ç a ça cale qu
a qua. é è ê ô ô ô.

Vingt-septième exercice.

é è ê o o l o lo loto
n o no none m o mo
mome t o to toto h o
ho hola j o jo joli r
o ro rode v o vo
vole x o xo z o zo
zozo s o so sole f o

fo fore b o bo bobo
d o do dodo p o po
pole k o ko joko c
o co coco g o go
gogo. é ê è u ù û.

~~~~~~

Vingt-huitième exercice.

u ù û. l u lu lune n u
nu nue m u mu mure
t u tu tube h u hu
hure j u ju jure r u
ru rude v u vu vue
x u xu z u zu s u su
~~~~~~

sure f u fu fume b u
bu bure d u du dure
pu pu pure g u gu
cu cu cure k u ku
quu quu. è é ê.

Vingt-neuvième exercice.

é è ê. l é lé lézé n é
né fané m ê mê
même t é té buté
h è hè hère j é jé
jeté g é gé gagé r é
ré muré v é vé levé

x é xé vexé z é zé
lézé c é cé celé s é
sé semé f é fé fêlé
b é bé bène d é dé
défi p é pé hupé k é
ké képi qu é qué quêté.

Trentième exercice.

ali bâle cale dame
face gâte have java
ka lace mâle nage
pape qua race sale
tape valé xa zadi

bêle   cène   défi   rêve
félé   gelé   hère   jeté
képi   levé   mené   née
père   qué   rêve   sème
tenu   velu   xe   zéro
bile   cire   dîme   file
gîte   hère   ide   kilo   lime
nice   pire   qui   rime
site   tire   vice   xi   zizi
dyle   lyre   mylo   type
bôñe   cônc   dôle   foré
golo   hôte   joli   joko
logé   môle   nôce   pôle
quo   robe   sôle   tome
vole   xo   zône   bute

cuve dure fûté gué
hure juge ku luce
mure nue puce qu'u
rude sure tube vue
xu zu.

Trente-et-unième exercice.

caroline lace amélie.
une puce a piqué marie.
ma petite amie nini a une jolie robe.
papa ira à nice.

la petite cécile a
un joli domino.

lucie sera sage.

mélanie a jeté la pipe
de sévère.

amélie a vu le pape
à rome.

Trente-deuxième exercice.

a b ab abbé a c ac
acte a d ad adjugé
a f af affadi a g ag

agde   a   h   ah   ahuri
a   k   ak   al   albe
a   m   am   ambe   an
an   ange   a   p   ap   apte
a   r   ar   arme   a   s   as
assa   a   t   at   attiré
a   x   ax   axe   a   z   az   azur
e   b   eb   ebe   e   c   ec
ecce   e   d   ed   edme
e   f   ef   effacé   e   g   eg
égée   e   h   eh   e   k   ek
e   l   el   elle   e   m   em
emma   e   n   en   enté
e   p   ep   e   r   er   erre
e   s   es   esse   e   t   et

etna é v éve é x ex
excès é z ez.

Trente-troisième exercice.

i b ib i c ic icque
i d id ida i f if i g
ig igné i k ik i l il
ille i m im imbu
i n in inde i p ip
i r ir irrité i s is
issu i t it italie i y
iy ivre i x ix i z iz
o b ob obtenu o c oc

occupé o d od oddo

o f of o g og ogre

o h oh o k ok o l

ol o m om o n on

onde o p op opté o r

or orme o s os ossa

o t ot ote o v ov o

x ox oxide o z oz ozi

u b ub u c uc u d

ud u f uf u g ug

u l ul u m um u n

un u p up u r ur

u s us usse u t ut

u v uv u x ux u z

u z uze.

Trente-quatrième exercice.

une vipère a piqué antoni et arsène.

marie a irrité fidèle.

appoline arrivera à midi, elle aura dîné.

madame errille a puni armide, elle a tapé ismène.

la mère angélique a un organe fêlé.

dominique a un em-
pirique qui le cure.

amédée erre et di-
gère en arménien.

le père honoré fête
le riquiqui.

Trente-cinquième exercice.

---

aa aé ai ay ao au
ea éè ée ei ey eo
eu ia ié ie ii io iu
oa oe oi oy oo ou

ua ue ui uy uo uu ué.

Trente-sixième exercice.

aaron aglaé aime ayé
cacao taupe léa armée
année obéi obéie dey
bey neige éole heureux
raréfia lia émilie humi-
lié bien piïs fiole diurne
essuya arsinoé foa voi-
ture vanloo route leve-

2

roy   atténua - infatué
étui morue buo lituus.

Trente-septième exercice.

---

je crois au ciel.

j'aime bien la laitue.

pauline ne sait guère lire.

je lis bien, papa me l'a dit.

jean boit.

la taupe ne voit guère.

l'armée ennemie.

j'ai un étui.

l'année est écoulée depuis un jour.

j'aime le boa.

j'obéis bien à papa.

j'aime bien mon père, et lui m'aime bien aussi.

de son coude il essuie la nape.

je suis humilié de

savoir moins lire que laure.

~~~~~~~~~

Trente-huitième exercice.

—

A B C D E
F G H I J
K L M N O
P Q R S T
U V W X
Y Z.
~~~~~~~~~

Trente-neuvième exercice.

bal ballon bab Babel bac
baccara bad badine baf
bafre bag bagage bah
Baho bak bal balme
bom bombance ban
bannière bap baptême
bar barre bas basson
bat batterie baz bazile
beb bec becqueter
bed bef bêg bègue
bei abeille bek
Bekaria bel Bellonne

bem ben bénisse bep
ber berger bès Espar-
bès bet bette beu bez
Béziers.

Quarantième exercice.

—

bib   biberon   bic
bicorne   bid   bidon
bif biffe big bigarrure
bij   bijoutier   bik
bil billarder bim bim-
belotier bin binocle bio

bion bip bipède biq
biqueter bir birême
bis biscuit bit bitume
biv bivaquer bix Bixio
biz bizarre.

<hr>

Quarante-et-unième exercice.

<hr>

bob bobine boc
bocage bod bof bog
bogue boh bohême
boi boire bol boléro
bom bombe bon

bonne bor bordure
bos bosse bossages bot
botanique bov bovine
box boxer boz bub
bubon buc buccin bua
buanderie bud Bude
budjet bué attribué buf
buffet bug bui buisson
bul bulle bulbe bur
burette bus buste but
butor buv buveur bux
buz bys Byssus.

Quarante-deuzième exercice.

—

Barnabé a tué un lapin.

Le capitaine Aymar a de bien belles épaulettes.

Baptiste aime Bellonne, il bivaque toutes les nuits depuis un mois.

Antoine, fou de l'étude de la botanique

est parti pour la Belgique.

L'usage du bitume est bien répandu en Portugal.

La tasse dorée de madame de Pompone a coûté dix-huit sous, elle est toute bosselée.

J'irai au jardin avec maman et papa.

Cornélie est portée à la bouderie.

Quarante-troisième exercice.

—

A B C D E
F G H I J
K L M N O
P Q R S T
U V W X
Y Z, etc.

Quarante-quatrième exercice.

---

bla   blame   bra   brave
cla   claque   cra   crane
dra   dragon   fla   flamme
fra   frappe   gla   glace
gra   grappe   pla   plage
pra   pratique   ble   meu-
ble   blé   meublé   bre
ambre   fre   offre   frê   frêne
gle   angle   glê   glêbe
gre   maigre   gré   malgré
ple   peuple   plé   peuplé

pre propre pré prénom
bli blida bri bride
cli clinique dri driade
fli flibustier fri friture
gli glisse gri grille blo
blocage bro broderie
clo cloque pli plisser
pri primer cra craque
dro drogué flo flotte
fro frôle glo glossaire
gro agronome plo plomb
pro propriété blu bluet-
te bru brume clu cluni
cru crudité dru drue

flu fluxion fru frugal
glu gluant gru gruger
plu plume pru prune.

Quarante-cinquième exercice.

—

J'ai eu une belle grappe de dattes.

J'ai blessé Julien sans le vouloir.

J'aime bien la friture et les brioches; les croquans aussi.

L'abricot est très-bon, mais je préfère la poire.

Je ne me salis pas en croquant les confitures que me donne maman parce que j'aime bien la propreté,

On se plaît à récompenser les enfants sages.

Clarisse m'a obligé en me prêtant sa plume.

Clémence s'est brûlée, elle est couverte de cloques.

Mon père est un bon astronome ; ma mère tient un hôtel meublé et mon frère un hôtel garni.

Quarante-sixième exercice.

gna gagna gne gagne
gné gagné gni Gnide
gno Gnomon gnu agnus
sca scale scè scène

sci scier scu Scuderi
scy Scylla sla Slave
sma Smala spa spa-
tule tha Thalés sta
stalle sté stérile smi
smy Smyrne thê thême
sti stimulé sty style spé
spécial spi spirituel
spo spolier sque sque-
lette squi squirre sto
storax thi Thionville
tho Thonon thu thuri-
féraire thy thyrse stu
stupide smo Smolensk

thra thrace stra stratonice strabon stri strident struc structure.

Timothée a une stalle au spectacle depuis son retour de Smyrne.

Thêbes avaït cent portes et Thálès était un des sept sages de la Grèce.

On doit apporter à papa une spatule et un stylet de Thionville.

Si j'étais thuriféraire je mélangerais le thym avec l'encens.

J'ai gagné, en fesant mon thême, un appétit de gargantua.

Le champ de Stratonice est stérile, elle parle toujours de Strabon.

La structure du palais des Thermes indique son ancienneté.

La déesse Vénus était adorée à Gnide et à Amathonte.

Quarante-huitième exercice.

Pha fa phalange phe fe apostrophe phé fé apostrophé phi fi philantrope pho fo phosphore phy fy phlé flé **Phlégéton** phra fra

phry fry Phrygie phti
muphti cha chatte che
crèche ché chéri chi
chilli cho chole chau
chaume choi choix
chré chrétien chro
chromatique.

Quarante-neuvième exercice.

Pharaon mathéma-
tiques hydrophobe
prophète phénomène

spadassin spiritualisme
squirre psa psaltérion
psalmodie pso psora
psorique psau psaume
pseu pseudonyme scri
scribe scro scrofule
scru scrupule schi
schisme schiste sci
science scor scorpion
scorbutique scru scru-
tateur.

Cinquantième exercice.

—

Cornélie fait des gammes chromatiques sur le piano.

Alexandre a écrit une lettre pseudonyme à Timothée.

Les sept psaumes sont ma lecture chérie.

Les phalanges guerrières vont passer le Bosphore.

Le misantrope est méfiant et toujours prêt à apostropher ceux qui l'entourent.

Dans l'écurie, il y a une crèche où sont attachés des chevaux.

Le chat de Chilli est hydrophobe, Psyca psalmodie sur son psaltérion des chants schismatiques.

Le spadassin ne se fait nul scrupule d'arrachèr

la vie à son prochain.

C'est un phénomène de voir le petit Pharaon connaître si bien les mathématiques.

Cinquante-et-unième exercice.

œ œu œur œud œuf eux œuvre sœur cœur bœuf mœut nœud heureux œuvres sœurs cœurs bœufs nœuds, œi œil,

euil fauteuil chevreuil,
écureuil ueil orgueil
cueillir recueil.

Cinquante-deuxième exercice.

Les poules font les œufs.

Ma sœur est orgueil-
leuse, je veux éviter cet
écueil.

Christophe est heu-

reux d'aller à la pen-
sion.

Paul est en deuil, il
pleure dans son cœur
son écureuil.

A propos d'écureuil,
le nôtre s'est enfui dans
le jardin et comme il a
bon pied et bon œil je
doute de le reprendre.

Le bœuf est un des
animaux les plus utiles
à l'homme. Cette bête,
à l'œil rond, est à l'œu-

vre dans les champs dès que paraît l'aurore ; outre qu'il sert au labeur pendant sa vie, la viande du bœuf, toujours préférable à celle du chevreuil, figure sur toutes les tables ; son cuir sert à faire nos souliers, des harnais et bien d'autres choses. Des rognures de son cuir, on fait la colle forte ; de ses cornes et de ses sabots l'on fait encore mille objets divers, ainsi que de ses os, dont on se sert, en outre, pour raffiner le sucre et faire le noir de fumée.

Cinquante-troisième exercice.

---

aya relaya, aye abbaye, aïe haïe, aie futaie, ayé balayé, eau berceau, château, sceau, éïe

obéie, eue bleue, ieue
lieue, banlieue, ayeu
ayeul, linceul, ueu
gueule, bégueule, oie
joie, proie, eoi grégeois,
bourgeois, oué chouette,
brouette, iée alliée, ma-
riée, ieu curieux, am-
bitieux, oyé plaidoyé,
employé, oui babouin,
sagouin, oua échoua,
dénoua, aille caillé, trouvaille, raille, ouaille,
fouaille, cornouaille, oué

cloué, dénoué, ouée bouée, enjouée, oue boue, oueu boueux, ouie réjouie, ouil fenouil, ouille fouille, bredouille.

~~~~~~

Cinquante-quatrième exercice

Le feu grégeois brûle dans l'eau.

J'ai fait la trouvaille
~~~~~~

d'un couteau ployé, tout boueux.

Elle est enjouée et réjouie, tandis que sa sœur pleure toujours.

Nous avons relayé à la banlieue de Pàris ; nous n'avons cessé d'attirer les regards des curieux jusqu'à l'abbaye.

Un soir, au château de Cornouaille, M. Bredouille s'enveloppa dans un linceul, et vint ainsi nous effrayer pendant que nous entourions le foyer.

On appèle soie, le poil du sanglier.

Ma sœur a une robe chamois, et moi un nœud de cravatte, de soie, que je puis dénouer.

Le jardinier a rempli sa brouette d'oignons et de choux, et a recouvert le tout de paille.

Voyez ma trouvaille : une roulette de fauteuil.

Mélanie s'est mariée à un bourgeois de Sceaux, employé je ne sais où.

Nous avons vaincu les Bedouins, grâce à la mitraille.

Cinquante-cinquième exercice.

Rosalie, raisin, ce-

rise, frise, raisonné, prison, résine, fainéantise,
église, grison, surprise,
grisaille, Denise, briser,
feintise, chemise, in-
demniser, remise, ferti-
liser, tamise, puisant,
sottise, crise, friandise,
paysan, entreprise, dé-
valiser, analyse, mora-
liser, feintise, guise, vi-
ser, vision.

Cinquante-sixième exercice.

—

Rosine m'a donné des cerises.

La gourmandise est une passion et un bien vilain défaut.

J'ai donné à mon pinson une cage pour prison.

Rose valse très-bien.

Je me suis promis de ne plus faire de sottises,

et certes je n'en ferai pas..

Défense de danser, de par la raison, à tous ceux qui ont passé l'âge de la jeunesse.

La danse m'amuse chez les autres.

L'eau fertilise le sol.

Je préfère la rose à la pensée, et la pensée au myosotis.

Mes camarades les

pensionnaires ont du plaisir à se taquiner

Esope, le philosophe de Phrygie, a laissé de belles moralités.

Cinquante-septième exercice.

t i ti, portions, sortions, pitié, bâtissions, amitié, moitié, particule, châtié, vêtir, abstenir, intervenir, abstiens, tient, soutenir, entrons, argentier, béatifiant, certifions, notifier.

t i si, portions, potion, ambitieux, supplication, conditionnel, vocation, promotion, locution, solution, réception, privation.

t i ti, et t i si, superstition, attention, atténuation, contestation, station, petition situation

Cinquante-huitième exercice.

Eugène et moi nous portions les portions d'Antoine et d'Arymathie.

Pantaléon est à moitié superstitieux.

Je m'abstiens, disait Théodore à Gratien, je m'abstiens de te dire toute ma pensée.

Faites attention à vos

devoirs , l'application seule amène les progrès.

On châtie la paresse et l'on récompense l'émulation.

J'ai beau soutenir que je sais lire, on ne me croit que sur caution.

Chaque révolution amène des innovations favorables au peuple.

Dans une pétition, Pétion demandait l'abolition de l'esclavage.

Redoutons les fonctions qui ne sont pas dans notre vocation.

Les gens à particule et le rôturier ont une manière de penser en opposition les uns des autres.

~~~~~~~~~

Cinquante-neuvième exercice.

——

Ça   çon   ça   perça
~~~~~~~~~

leçon inçu devança
façon arçon déçu gerça
soupçon sçu suçon
agença tronçon conçoit
glaça maçon reçu deçà
limaçon poinçon lança
reçoit malefaçon étan-
çon plaça pinçon aperçu
caleçon glaçon berça

Soixantième exercice.

Un colimaçon chargé

de sa maison, s'en
allait sans façon, par
un temps de glaçon,
dans une autre con-
trée, un canard l'a-
perçoit; il vient à lui
tout droit, et pareil
au faucon, sans pitié
ni demi, il a bientôt
happé notre colimaçon
qu'il croque sans façon.

On poinçonne les
poids et les mesures,
moyennant une rétri-

bution perçue par le fisc.

On conçoit aisément que le cavalier qui ne profite pas des leçons d'équitation qu'il reçoit est plus qu'un autre susceptible d'être désarçonné.

Paul a à peine une notion, simple aperçu, ou pour mieux dire un soupçon des premières règles de la grammaire, et Paul veut s'imposer en grammairien.

Mon caleçon trop large exigera un suçon pour être à ma mesure.

——————

Soixante-et-unième exercice.

—

Président, ils prés-
sident ; excédent, ils
excédent ; précédent ,
ils précèdent ; résident,

ils résident ; négligent, ils négligent ; expédient, ils expédient ; équivalent, ils équivalent ; ils violent, ils violent ; adhérent, ils adhèrent ; équipollent, ils équipollent ; excellent, ils excellent ; abstinent, ils s'abstiennent ; différend, ils diffèrent.

Soixante-deuxième exercice.

Les poules du couvent couvent.

Les hommes négligents négligent jusqu'à leurs amis.

Les présidents des assemblées président au maintien de l'ordre.

Souvent les conseils nous sauvent ; écoutons ceux qui nous

viennent de nos sages amis.

Les hommes réfléchis procédent de précédent à précédent et ils excellent dans leurs conseils excellents.

Les enfants aiment le mouvement, dans leurs violents emportements ils s'emportent à tel point qu'ils violent souvent la politesse.

Ils diffèrent à tel point de manière de voir qu'ils sont sans cesse en différend.

LECTURES COURANTES.

J'ai vu, dans la rue, un homme blessé par une charrette, on l'a porté chez le phar-macien pour le panser.

Ma mère aime bien les fleurs, papa lui en

apporte souvent et moi, quand je serai grand, je lui en apporterai tous les jours.

Dans le jardin de grand papa il y a des cerises, des prunes et des poires; j'irai les cueillir si je suis bien sage; maman me l'a dit.

Les enfants turbulents troublent la classe; aussi les punit-on très-souvent.

Parmi les animaux du Jardin-des-Plantes, il y a un rhinocéros.

Il y a aussi, au Jardin-des-Plantes, un oiseau qu'on nomme spatule.

L'ours Martin a beaucoup de visiteurs; il est obéissant, fait le beau, monte à l'arbre, se couche, selon la volonté des spectateurs.

L'initiation dans les secrets d'autrui est repréhensible.

A Berne, en Suisse, les habitants qui ont droit de bourgeoisie reçoivent une portion des revenus du canton.

La rétribution est toujours honorable lorsqu'elle est méritée.

J'obtiendrai le prix d'application, je le sens,

car je veux m'appli-
quer.

Les hommes qui ne
savent pas lire sont
bien à plaindre, ils
ne peuvent rien faire
par eux-mêmes ; lors-
qu'il s'agit de cher-
cher une rue, ils sont
obligés de la deman-
der, quoique son nom,
soit inscrit sur tous
les coins.

Il faut aussi qu'ils

demandent les numéros des maisons.

Il faut encore qu'ils prient d'autres personnes de lire les lettres qu'on leur adresse.

Je connais une institution de jeunes demoiselles bien sages.

Elles sont si gentilles et si convenantes que lorsque quelqu'un est auprès d'elles et réclame le silence, on entendrait voler une mouche.

C'est bien, très-bien, n'est-ce pas mes enfants ? Soyez sages comme elles, vous n'interromprez jamais personne, et tous ceux qui vous verront agir ainsi ne manqueront pas de répéter partout combien vous êtes convenants.

Nous en étions là

de nos réflexions lorsque la petite Clémence est venue faire ses plaintes et ses doléances et rompre un silence si méritoire.

Ma casquette est neuve, mon papa me l'a achetée.

J'aime bien la campagne, mon parrain m'a promis de m'y mener parce que je fais bien mes devoirs.

A la distribution de prix de l'année dernière je ne savais pas lire ; je sais lire maintenant, et j'aurai le premier prix de ma division.

Je veux travailler si bien que j'aurai toujours le premier prix.

Londres est une ville plus grande que Paris, et Paris est cependant la capitale du monde.

Paris est la capitale du monde par le culte des arts, des sciences et des lettres qui y fleurissent si richement.

La langue anglaise est la plus répandue à cause des possessions anciennes ou modernes des Anglais dans les autres parties du globe ; mais la langue française est celle qui fera le tour du monde.

Dans tous les Etats, dans tous les coins de la terre, la langue française est la première apprise après la langue nationale.

Généralement, en France, l'on apprend l'Anglais aux habitants d'une partie de l'ouest et du nord, l'Allemand aux habitants d'une partie du nord et de l'est, l'Italien aux habitants d'une partie du sud et de l'est, l'Espagnol aux habitants d'une partie du sud et de l'ouest.

Enfin, chaque contrée de la France fait, en général, apprendre la langue du pays le plus voisin à cause des transactions commerciales.

La France est la

reine du monde autant par sa force physique que par les éminantes qualités de sa population.

Alphonsine tache toujours sa robe, elle n'est pas soigneuse, et sa maman la punit souvent.

Louise n'a pas écouté sa maman qui lui recommandait de ne pas trop s'approcher des bords du bassin, aussi y est-elle tombée

Elle ne s'est pas noyée, mais peu s'en faut; quand on l'a retirée. elle avait déjà perdu connaissance.

J'aime bien à m'amuser pendant la récréation, surtout lorsque j'ai fait mes devoirs et bien appris mes leçons.

L'hippopotame est le

plus grand des ani-
maux après l'éléphant.

Comme l'éléphant,
le rhinocéros a le cuir
terreux, d'un aspect
sale, repoussant, plissé
et suintant toujours.

L'éléphant est lourd,
très - lourd dans sa
forme comme dans ses
manières, et l'hippo-
potame l'est peut-être
encore plus que lui.

Les petits garçons

et les petites filles ne se lassent jamais de jouer.

Euphrosine est bien joueuse, mais elle se fâche toujours et pleure pour la moindre chose, aussi les petites filles n'aiment-elles pas à jouer avec elle.

Astyanax était fils d'Hector et Hector fils de Priam, roi de Troie.

Troie était un grande et belle ville ; elle fut réduite en cendre à la suite d'une guerre qui dura dix ans.

Tous les souverains de la Grèce s'étaient coalisés contre cette ville qui, une fois prise d'assaut, fut détruite de fond en comble et ses habitants tués ou traités en esclaves.

C'est un terrible

fléau que la guerre.

Pour un rien, un caprice, une fantaisie de roi, elle contraint les peuples à s'égorger

Vive la paix, elle fait fleurir les arts, les sciences, les lettres, l'industrie, le commerce et l'agriculture.

Autant la guerre est destructive, autant la paix est créatrice. Autant la guerre est cruelle, féroce, inexorable ; autant la paix est bienfaisante, douce, humanitaire.

Je préfère le spectacle de Polichinelle à celui du théâtre du Gymnase.

Il y a toujours beaucoup de petits garçons et de petites filles aux Champs-Elysées, et les théâtres des Polichinelles sont constamment très-fréquentés par eux.

Cela se conçoit, c'est si amusant Polichinelle, et le chat aussi.

Cependant, je n'aime pas à lui voir rosser la garde; cela dénote un mauvais cœur.

On place sur la tête des enfants qui ne sont pas sages, des écriteaux indiquant ce dont

on a à se plaindre
d'eux. Je veux faire
de façon à n'avoir
jamais un pareil écri-
teau sur la tête.

Je prendrai bien
mes précautions pour
éviter toute punition.

Les voleurs ne se
sauvent pas souvent,
il est rare que la
justice ne les atteigne.

J'ai vu dans la même
cage une oie, une per-

drix et une corneille.

Papa s'est coupé avec son rasoir en fesant sa barbe.

Je vais bien m'amuser dimanche à la campagne, je ferai la chasse aux hannetons.

La mère Michel a perdu son chat, dit-on, je voudrais bien l'avoir trouvé. Il doit être beau dans son grenier, fesant la chasse aux rats avec un pistolet de paille et un sabre de bois.

Le petit Chaperon rouge a été cause par son indiscrétion que le loup a dévoré sa mère grand et elle - même aussi.

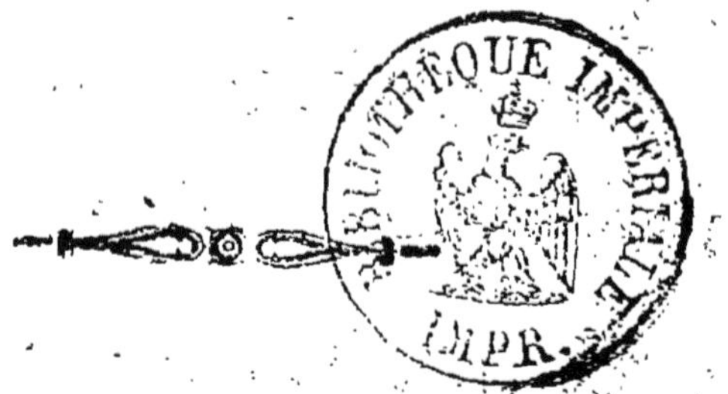